AF252459

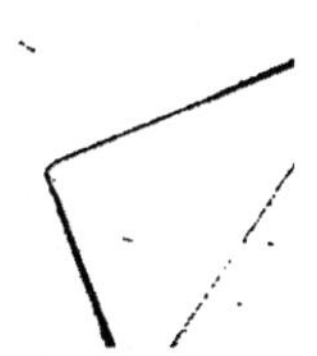

L'ARMÉE PRUSSIENNE

EN LORRAINE

PARIS. — IMP. SIMON RAÇON ET COMP., RUE D'ERFURTH, 1.

F. DE LA COSTE

L'ARMÉE PRUSSIENNE

EN LORRAINE

PARIS

LIBRAIRIE DE CHARLES DOUNIOL ET Cⁱᵉ, ÉDITEURS

29, RUE DE TOURNON, 29

—

1871

L'ARMÉE PRUSSIENNE

EN LORRAINE

Bien peu de mois se sont écoulés depuis la guerre, et, lorsque les plaies du pays sont encore béantes, il est difficile de jeter un regard calme sur cette histoire d'hier pour l'étudier et y puiser les enseignements de l'avenir. Cependant, c'est maintenant qu'il faut le tenter pour qu'aucun souvenir ne soit altéré par le temps, et que la leçon si cruellement achetée porte tous ses fruits.

Si désastreuse que soit la paix, elle n'est point humiliante : il n'y a d'humiliation que là où il y a honte et défaite sans résistance. La Prusse, après Iéna, Eylau et Friedland ; l'Autriche, après Austerlitz, Wagram et récemment Solferino, ont dû subir les lois du plus fort ; leur honneur national n'en a pas souffert dans l'estime du monde. La France n'a donc pas lieu de se voiler la face ni de désespérer de l'avenir, elle doit au contraire en préparer l'éclat pour une génération plus heureuse ; mais pour cela il faut qu'elle dépouille certains préjugés de vanité nationale, qu'elle ait le courage de regarder autour d'elle et d'emprunter même à ses vainqueurs d'aujourd'hui leurs moyens de vaincre.

Il en est des guerres comme des révolutions. Dans leurs résultats, comme dans leur explosion, une part appartient sans doute aux circonstances et aux hommes placés à la tête des gouvernements et des armées ; mais hommes et choses ne sont le plus souvent que la résultante des institutions et des mœurs et l'on risquerait fort de se tromper si, s'attachant à la surface, on négligeait le fond ou si l'on prétendait atteindre aux effets sans s'appuyer sur les mêmes fondements. Des hommes spéciaux apprécieront les mouvements stratégiques et la science des généraux allemands, les fautes ou les malheurs des nôtres. Nous n'aurions aucune compétence pour une pareille discussion. Nous ne voulons pas davantage toucher aux côtés de cette vaste et douloureuse question qui réveilleraient des imputations vraies ou fausses contre certains noms appartenant à l'une ou à l'autre des phases de la campagne.

Nous nous bornerons à dire ce que nous avons vu de près pendant trop longtemps. Envahie dès le début des hostilités et soumise jusqu'à la fin, mais en dehors des combats, au contact des armées et du système prussien, la Meurthe a eu le triste privilége de pouvoir mieux les étudier qu'aucun autre département. C'est ce que nous avons essayé de faire. L'organisation allemande est tellement méthodique, sa mise à exécution tellement uniforme, qu'en parlant d'un pays occupé nous aurons sans doute parlé de tous, hors, bien entendu, de ceux qui ont servi de champ de bataille.

Il sortira peut-être de ces observations quelques indications utiles et applicables à la France, où, de l'aveu général, tant de choses sont à refaire.

I

Lorsque l'armée prussienne s'empare d'une ville, son premier soin est de manifester sa prise de possession par une série d'actes que soutiennent les menaces les plus rigoureuses.

Dans chaque église les cordes des cloches sont coupées, l'usage du tambour est interdit au crieur public, les portes et les volets des maisons doivent rester ouverts, même la nuit, et, de plus, chaque fenêtre doit être éclairée. Ordre est donné aux habitants de remettre, dans le délai de deux heures, leurs armes de toute nature, sous les peines les plus graves en cas de contravention constatée par des visites domiciliaires, et cette mesure est appliquée avec une telle exactitude dans toutes les communes, que, jusqu'aux armes de collection et aux épées rouillées, tout est reçu ou enlevé.

Une ordonnance royale, imprimée d'avance et affichée immédiatement, prévient les habitants que la conscription est abolie dans le département que l'armée prussienne vient d'occuper, fût-ce même sur un seul point, et menace de mort toute autorité française qui en continuerait les opérations, tout individu qui s'y soumettrait. Pour prévenir les infractions à ces ordres, il est enjoint aux maires de dresser un état des jeunes gens de leur commune, et des visites fréquentes de contrôle sont faites par des gendarmes. « En cas de départ ou d'absence non motivée, les parents ou tuteurs, et à leur défaut la commune, sont frappés d'une amende de cinquante francs par jour et par chaque individu absent. » (Lettre du comte Renard, préfet de la Meurthe aux maires, 20 septembre.) Plus tard, cette mesure a été étendue à tous les hommes, jusqu'à l'âge de quarante ans, et aucun sauf-conduit (tout déplacement en exige un, même pour les femmes) n'a pu leur être délivré.

Peu après la reddition de Laon, nous vîmes passer prisonnier le préfet de l'Aisne. Bien qu'il eût été d'abord accusé d'avoir contribué à l'explosion de la citadelle de Laon, son crime principal était d'avoir procédé au recrutement dans son département et poussé les populations à la défense de leur territoire. Ce dernier fait est également puni de mort par les ordonnances du roi de Prusse, ainsi que tout effort tenté par les habitants pour opposer la moindre résistance au passage et aux mouvements des armées. Les francs-tireurs eux-mêmes, bien que reconnus par leur gouvernement, sont mis hors les lois de la guerre, et doivent être fusillés s'ils sont faits prisonniers.

En même temps que ces publications sont faites, les corps municipaux sont constitués en permanence dans les mairies pour être à toute heure sous la main de l'autorité militaire et répondre de la soumission des habitants, l'arrestation des notables étant la formule comminatoire qui suit presque tous les ordres.

Ces mesures prises pour assurer la sécurité de l'armée, le pays est tenu de fournir à tous ses besoins. La première obligation imposée aux habitants, c'est le logement des troupes, même s'il y a des casernes ou autres grands bâtiments publics.

Lorsque la colonne n'est pas très-considérable, l'autorité admet l'usage des billets de logement, sauf à limiter les quartiers dans lesquels il peut être appliqué. Si, au contraire, le nombre d'hommes est trop grand, le logement est fait militairement, c'est-à-dire qu'un fourrier inscrit sur les portes le chiffre d'officiers et de soldats qu'il attribue à chaque maison d'après ses dimensions apparentes. Telle en reçoit cinquante, telle autre cent auxquels il faut donner de quoi se coucher.

Ce n'est pas tout, il faut aussi les faire vivre. A ce sujet, on nous permettra un souvenir. Dans la ville où nous étions, vingt mille hommes avaient été annoncés le premier jour par une forte avant-garde, avec ordre d'avoir à les nourrir, chose difficile pour une population, généralement peu à l'aise, de sept mille âmes. Cependant tous les efforts possibles avaient été faits. Le soir venu, le corps d'armée n'avait pas paru et les habitants avaient cessé d'attendre, lorsqu'à dix heures chacun fut réveillé par une publication qui prescrivait d'apporter sur la place, dans *un quart d'heure*, tous les vivres nécessaires, sinon la ville serait *mise au pillage* (sic).

Dans les villages lorrains, où la sobriété est grande et où les ressources sont faibles, bien des pauvres gens ont vu ainsi consommer, quelquefois en un jour, leurs minces provisions.

Lorsque la charge fut devenue impossible à supporter pour les populations sans travail, les municipalités ont dû fournir l'alimentation nécessaire dont la quantité est fixée par une ordonnance royale. Elle se compose par tête de 750 grammes de pain, 500 de viande, 250 de légumes ou de riz, de café, de vin ou d'eau-de-vie. Cinq cigares sont dus, en outre, à chaque homme; sauf ce dernier article, les quantités et la nomenclature des objets sont à peu près les mêmes qu'en 1814.

Pour les garnisons, à défaut de fournitures en denrées, les communes peuvent payer en argent deux francs par jour et par homme. Et en effet, lorsque les villes ont passé des traités avec des fournisseurs, allemands pour la plupart, et, soit dit en passant, recommandés par l'administration prussienne, la dépense est ressortie de 1 fr. 85 à 2 fr. par tête.

Pour chaque officier, une indemnité de 6 à 8 fr., selon les localités, est également exigée. Mais, de ce chef, toutes les communes, grandes ou petites, ont été, en outre, contraintes à payer des sommes très-considérables, destinées, disait l'ordre du roi, « à donner aux officiers un supplément de gages pendant l'armistice. »

Les commandants d'armée ne font point inscrire à la charge des villes une allocation fixe pour couvrir leurs dépenses de bouche; mais, par réquisition, ils se font défrayer de tout, eux et leurs maisons. Le général de Bonin, gouverneur général de la Lorraine, s'est ainsi fait servir chaque jour par la ville de Nancy une table de dix ou douze couverts. Quant au prince Frédéric-Charles, dès son arrivée à Pont-à-Mousson, son intendant venait chaque matin exiger le menu du jour, et s'emportait violemment lorsqu'il rencontrait le refus forcé de lui fournir, entre autres objets, quarante ou cinquante jeunes poulets, vingt-cinq livres de beurre, cent œufs, etc., etc., que la production locale et l'impossibilité de toutes communications ne permettaient pas de se procurer. Plus tard, de Corny, où il avait établi son quartier général, il faisait requérir à Nancy tous les vivres jugés nécessaires à sa table.

Citons un fait plus saillant. Par ordre de ce prince, l'intendant militaire de son armée fit ouvrir plusieurs caves particulières et l'on y prit en deux jours plus de quinze cents bouteilles de vins fins dont le reçu fut donné.

Le roi seul vit, et fort sobrement, dit-on, sur les ressources que sa maison apporte, mais parfois son nom couvre encore des exactions. Ainsi nous avons vu un autre intendant militaire demander avec menaces, *pour Sa Majesté*, deux cents bouteilles de vin de Champagne. Le maire, qui ne pouvait en fournir une seule, parce que tout ce qu'il y avait eu avait été requis pour le prince Frédéric-Charles, eut occasion d'en parler au général de Roon, ministre de la guerre, qui entra dans une grande colère, déclarant que personne n'avait rien à demander pour le roi, *qui, d'ailleurs, ne buvait jamais de vin de Champagne.* L'intendant fut mandé par le général, et la mairie ne l'aperçut plus. Au reste, de tous les officiers de l'armée allemande, les intendants sont ceux qui ont montré dans leurs rapports avec les malheureuses municipalités, le plus d'exigence, avec une raideur allant parfois jusqu'à la brutalité, toujours jusqu'à la menace. -

Il est à peine besoin de dire que la nourriture des chevaux, fixée à des quantités réglementaires, ne doit pas moins que celle des hommes être fournie par les pays occupés. Aussi, toutes les granges de nos cultivateurs ont-elles été vidées par les réquisitions des uhlans, et dans les premières semaines, le blé nouveau n'étant pas battu et les réserves étant épuisées, les épis étaient mangés ou enlevés avec la paille.

Là ne se borne pas le triste sort des cultivateurs. Leurs voitures, leurs attelages, leurs domestiques de ferme et eux-mêmes sont requis pour conduire à la suite des armées allemandes les fourrages, les malades, les blessés. Bien plus, des réquisitions de douze cents chevaux avec leurs conducteurs ont été exigées pour effectuer le transport d'un immense parc d'artillerie.

Combien de voitures brisées et perdues dans les convois, de chevaux fourbus et exténués faute d'une provende suffisante ; combien d'hommes mal nourris, obligés de coucher sur leurs voitures, et gardés pendant cinq ou six semaines à ce régime qui a causé la mort de plusieurs d'entre eux !

Après les vivres et les transports, viennent les réquisitions de toute espèce pour les autres besoins de l'armée : les cuirs pour les chaussures et les harnais, les fers et les clous pour ferrer les chevaux, les lainages et les draps pour l'habillement des hommes, les bois pour les constructions et le chauffage, les poêles et les fourneaux pour les baraques et les ambulances, les bougies, l'huile, le pétrole pour l'éclairage de tous les services, le papier, les enveloppes, la cire et jusqu'aux pains à cacheter pour les bureaux ; enfin tout, absolument tout est prélevé sur le pays par réquisition. Dans les premiers moments, il a fallu même apporter aux intendants les chemises et les souliers des habitants pour satisfaire à des ordres hors de proportion avec les ressources du commerce local, et donnés, comme toujours, sous menaces d'exécutions militaires et des peines les plus graves pour les notables.

Nous avons prononcé le mot d'ambulances. Les dépenses occasionnées de ce chef n'ont pas été des moindres que la Lorraine ait eu à supporter. Pendant le siége de Metz surtout, il en avait été établi dans presque toutes les communes qui pouvaient offrir des emplacements à peu près convenables. Hors le service médical fait par les médecins allemands, tous les frais étaient à la charge du pays : nourriture, matelas et linge requis dans les maisons particulières, médicaments, cercueils même et inhumation des soldats des deux nations qui mouraient en grand nombre.

Avant de quitter le chapitre si lourd des réquisitions, il importe de savoir comment elles sont exécutées.

Tout commandant de détachement, quel que soit son grade, a le droit de requérir sur sa propre signature « toutes les fournitures nécessaires à l'entretien de sa troupe[1] », et souvent dans les campagnes cette signature n'est même pas donnée ; c'est la force qui prend ce qu'elle veut, sans autre forme de procès. Cependant, lorsque des commandements d'étapes sont établis, les réquisitions faites par les différents chefs de troupes ne sont obligatoires qu'après avoir été visées par le commandant qui les transmet au maire tenu alors d'obéir[2].

Aux yeux des Prussiens, ce système est la conséquence naturelle de la guerre, et les bons qu'ils délivrent sont des traites de valeur assurée payable à la fin de la campagne, soit directement par le vaincu, soit par le vainqueur sur l'indemnité acquittée par le vaincu ; ils ont un code complet de la matière[3] et affirment qu'après les guerres de 1864 et 1866 ils ont tout remboursé aux populations sur les contributions imposées au Danemark et à l'Autriche. D'après leurs règlements, le dommage temporaire incombe aux corps collectifs seulement, les mairies devant acquitter le prix des réquisitions faites directement sur les particuliers, « soit en argent, soit au moyen de bons payables à la caisse communale après un certain délai[4]. »

Mais les réquisitions ne font que défrayer l'armée ; elles ne versent point d'argent dans son trésor. Pour en arracher aux populations, les Prussiens emploient trois procédés différents. Dès qu'un département est occupé, une administration civile et une administration financière s'installent au chef-lieu, et à la place de toutes les

---

[1] Proclamation du 29 août 1870, signée von Bonin.
[2] Arrêté du gouverneur général de la Lorraine, von Bonin.
[3] Règlement du 17 mai 1859, revisé le 4 juillet 1867.
[4] Arrêté du préfet de la Meurthe, comte Renard, 9 septembre 1870.

branches de l'impôt national, une contribution mensuelle unique est établie. Le moyen d'y parvenir est simple. Lorsque la menace ou la force ont déterminé les chefs de service à remettre leurs livres, l'agent prussien fait un bloc des contributions directes de l'année courante et du produit moyen pendant les cinq dernières années des droits d'enregistrement, de timbre et des contributions indirectes (non compris le revenu du tabac, du sel et de la poudre). Le total ainsi obtenu est réparti entre les communes[1], et « doit être considéré comme pesant sur le revenu[2]. Le contingent exigé est donc presque toujours forcément réparti entre les propriétaires et les patentés. Dans le département de la Meurthe les cotes foncières se sont vues, par ce moyen, augmentées de moitié pendant les cinq derniers mois de 1870.

Les agents français du Trésor ayant tous refusé leur concours aux opérations du gouvernement allemand, la perception de l'impôt mensuel a été imposée au maire de chaque commune. De plus, le maire de chaque chef-lieu de canton a été tenu de centraliser la recette cantonale[3]. Plusieurs maires avaient demandé à être remplacés, dans cette tâche pénible, par des agents allemands. Le commissaire civil en Lorraine répondit : « Cette demande ne peut être accordée. MM. les maires doivent continuer leurs fonctions de percepteurs, sous peine d'une amende très-considérable qui serait imposée par chaque jour de retard[4]. » Point essentiel, et conforme à la théorie générale prussienne : chaque commune est responsable de son contingent[5].

Un second moyen d'obtenir de l'argent a le double mérite, pour l'autorité allemande, de remplir ses caisses et de mettre en fréquent usage le système d'intimidation et d'épuisement sous lequel elle écrase les pays occupés : ce moyen, c'est l'amende. Toute commune était, en principe, déclarée solidaire des actes d'hostilité ou de malveillance commis sur son territoire, « soit que les coupables appartiennent à cette commune ou que le territoire ait servi à l'action incriminée[6], » le dommage le plus léger, le plus indépendant du fait des habitants donne lieu à une amende. Un fil télégraphique rompu,

---

[1] Proclamation du gouverneur général de la Lorraine, 5 septembre, art. 1 et 2.
[2] Instruction du préfet, 25 septembre.
[3] Proclamation du gouverneur général de la Lorraine, 5 septembre, art. 5.
L'article 7 accorde aux maires une remise de 3 pour 100 sur la dette communale, et aux maires des chefs-lieux de cantons une remise de 1 pour 100 sur la recette cantonale.
[4] Avertissement du commissaire civil. (*Journal officiel* du 10 février 1871.)
[5] Proclamation ci-dessus du 5 septembre.
[6] Proclamation du 29 août, von Bonin.

un isolateur brisé coûte à la commune jusqu'à 2,000 francs, et le plus souvent le maire est saisi pour garantie de la somme. Qu'il soit établi ensuite que le fouet d'un convoyeur, que la gelée même ont occasionné le dégât, l'argent encaissé ne se rend pas.

Une pierre jetée sur les rails d'un chemin de fer entraîne la même responsabilité. « On fera entendre aux habitants, dit un avertissement préfectoral[1], par des amendes et des contributions, qu'il est dans leur intérêt non-seulement de s'abstenir de toute action hostile, mais de veiller à ce qu'il n'en soit pas commis par des personnes étrangères à la commune. »

Il est arrivé, dans certains endroits, que quelques francs-tireurs isolés, venus du dehors, ont blessé ou tué des soldats prussiens. La maison d'où les coups étaient partis a été brûlée et les habitants, pour n'avoir pas repoussé les francs-tireurs, ont dû payer à Flavigny 50,000 francs, 200,000 francs à Remiremont, et dans les deux cas des notables arrêtés ont été le gage des payements. D'autres fois même rien n'établit la réalité du fait, sinon l'ordre de payer. C'est ainsi que la ville de Nancy a dû verser 100,000 francs pour un coup de fusil tiré dans un faubourg, et le canton de Pont-à-Mousson 200,000 francs pour une blessure faite à un soldat. Ni dans l'un ni dans l'autre cas, *les coupables* n'ont été admis ni à voir leur victime ni à demander une enquête et à savoir en quel lieu le fait annoncé avait eu lieu.

Mais deux exemples bien plus graves de ce système sont : l'imposition d'un million par département, ordonnée par le roi de Prusse au mois de septembre pour la réparation des pertes causées au commerce allemand par la capture de quelques bâtiments, et la contribution de dix millions imposée également par ordonnance royale (janvier 1871) aux départements compris dans le gouvernement général de la Lorraine, à la suite de la destruction du pont de Fontenoy, entre Frouard et Toul. Nous ne pouvons pas ne pas reproduire la pièce officielle relative à ce dernier fait, telle qu'elle a paru :

« Sa Majesté le roi de Prusse, empereur d'Allemagne,

« En raison de la destruction du pont de Fontenoy,

« La circonscription ressortissant du gouvernement général de la « Lorraine payera une contribution extraordinaire de dix millions de « francs à titre d'amende. Ceci est porté à la connaissance du pu- « blic, en observant que le payement de ladite somme sera perçu « avec la plus grande sévérité. . . . .

______

[1] Avertissement du préfet de la Meurthe, comte Renard, 8 septembre.

« Le village de Fontenoy a été immédiatement incendié, à l'excep-
« tion de quelques bâtiments conservés pour l'usage des troupes.

« Nancy, le 23 janvier 1871.

    « Le gouverneur général de la Lorraine ,
                                « Von Bonin. »

Il n'est pas besoin de démontrer que la prise de bâtiments de
commerce par notre flotte ne constituait qu'un fait de guerre générale dont les départements envahis ne devaient pas être responsables. — Quant à la surprise de Fontenoy, le gouvernement prussien
ne pouvait même invoquer sa théorie sur la responsabilité des populations en matière d'attaques de francs-tireurs, car il frappait toute
une province pour un fait local, et la *Gazette de Cologne* reconnaissait
que des hommes de plusieurs armes et de plusieurs régiments
avaient accompli cet acte qui était, par conséquent, un fait de guerre
régulier. Heureusement la paix est survenue, et les amendes n'ont
point été payées.

La troisième source de produits a été trouvée dans les forêts de
l'État : introduite d'abord sous couleur de coupes régulières, elle est
bientôt devenue une véritable dévastation, et nos plus beaux chênes
sont partis, débités, pour des destinations inconnues.

Pour toutes ces exigences, amendes aussi bien que contributions
et charges de toute nature à imposer aux communes, le préfet prussien sert d'intermédiaire entre son gouvernement et le pays ; mais
il ne connaît et ne veut connaître que les maires des chefs-lieux de
canton. Chacun d'eux est chargé de ses ordres pour toutes les communes de leur circonscription cantonale, et il est rare qu'une menace
d'amende personnelle ne les accompagne pas, de même que les dé-
lais d'exécution sont toujours extrêmement courts. Aucun refus de
concours n'est admis. En voici la preuve : « Le préfet de la Meurthe, attendu que les autorités administratives de l'État se sont refu-
sées de fonctionner, s'est trouvé dans la nécessité d'instituer les
maires des chefs-lieux comme autorités de leurs cantons. Le maire
de Baccarat s'est refusé d'obéir. A la suite de cette résistance qui ne
saurait être tolérée, le préfet a délégué un fonctionnaire civil appuyé
par la force armée pour arrêter le maire et les membres du conseil
municipal. Cette mesure a été mise à exécution. Le maire et six con-
seillers municipaux se trouvent en prison à Nancy[1]. » Il faut noter
que ce maire, ancien conseiller général, était un vieillard de plus
de soixante-dix ans.

[1] *Journal officiel* du gouvernement général de la Lorraine, 20 septembre 1870

Grâce aux journaux étrangers, le monde civilisé a pu apprendre déjà que les principaux habitants de Nancy, magistrats, professeurs, propriétaires, etc., avaient été contraints pendant quelques semaines à monter sur les locomotives jusqu'aux frontières du département, en vue d'assurer contre des attaques isolées la sécurité des trains allemands, et « de manière à faire comprendre que tout accident causé par l'hostilité des habitants frapperait en premier lieu leurs nationaux[1]. » Voici comment cette mesure était commentée par l'organe officiel de la préfecture prussienne :

« Nous apprenons qu'elle a jeté l'alarme au milieu des classes « appelées à ce service. Les mairies ont refusé péremptoirement de « donner une liste de personnes propres à ce service qu'on leur « avait demandée, afin de pouvoir épargner des personnes âgées ou « infirmes. Les autorités allemandes ont dû procéder par elles-« mêmes au choix, ce qui entraînera peut-être des rigueurs qu'on « aurait désiré pouvoir éviter.

« Il est vrai qu'on a muni les francs-tireurs et partisans d'un pa-« pier portant qu'ils sont au service de l'État, pour les garantir d'ê-« tre fusillés quand ils sont pris les armes à la main ; mais tout « observateur impartial devra convenir que ce n'est pas une parcille « formalité qui peut répondre à l'esprit du droit et des coutumes in-« ternationales de ne faire la guerre que par des troupes régulie-« res... Le service qu'on vient d'organiser pèse sur les classes « supérieures : *Hinc illæ lacrymæ;* de là cette alarme. Nous avions « cru la France un pays essentiellement démocratique, arborant la « bannière sinon de la liberté du moins de l'égalité. Ces messieurs « n'ont pas jeté de si hauts cris tant qu'il ne s'est agi que de faire « faire aux pauvres paysans le service de convoyeurs pour l'usage « des armées et de l'emploi forcé des laboureurs au déblayement des « communications et œuvres pareilles. Ce n'est qu'à présent, qu'à « part une bien légère saignée faite à leur bourse, ils s'aperçoivent « que la guerre ne plaisante pas. Et pourtant ce sont les classes su-« périeures qui, par leur appui prêté au gouvernement impérial, « sont responsables de la guerre, bien plus que le grand nombre des « populations des campagnes qui supportent la plus lourde part des « malheurs du pays. Nous sommes persuadés que, réflexion faite, ils « reconnaîtront la justice de notre raisonnement, et qu'ils trouve-« ront leur consolation d'être appelés à leur tour au service de l'en-« nemi dans la devise républicaine : Fraternité, égalité. »

Nous ne relèverons rien dans ces passages, mais il nous a paru utile d'en faire connaître la forme aussi bien que le fond. Ce style

---

[1] *Journal officiel* du gouvernement général de la Lorraine, 21 octobre 1870.

donne le diapason ordinaire des articles du *Moniteur officiel*, journal imposé aux mairies et dans chaque commune aux hôtels ou cafés les plus achalandés, et le seul par qui le pays eût permission, la plupart du temps, d'apprendre quelque chose des événements qui s'accomplissaient, car les journaux de la France libre étaient prohibés ; les feuilles locales avaient dû cesser de paraître pour ne pas se soumettre à la censure et aux peines du régime prussien.

Quant aux gazettes belges, quelques-unes avaient été admises à une certaine époque ; mais bientôt la circulation en fut interdite sous peine d'amendes progressivement élevées à mille francs contre tout détenteur, même d'un seul exemplaire.

Le *Moniteur officiel*, maître exclusif du terrain, n'en fut que plus injurieux et plus agressif contre la France.

Les dépêches signées du roi de Prusse, il faut le reconnaître, étaient loin du ton des journaux de ses gouverneurs. Bien que destinées à être lues avant tout par ses soldats, elles n'ont jamais contenu un mot blessant pour les efforts de la France et le courage de nos armées ; mais il était réservé à un ancien Français, commissaire civil en Lorraine, de déclarer, au nom du gouvernement prussien, qu'en raison de l'évasion de quelques-uns de nos officiers prisonniers en Allemagne « la parole d'honneur d'aucun Français ne serait plus reçue. » (*Journal officiel* du 31 janvier 1871.)

Nous n'approuvons pas, nous devons le dire, la conduite de ces officiers ; nous croyons que, libres dans l'intérieur d'une ville, ils étaient liés et qu'ils devaient savoir souffrir et rester. Mais si leur patriotisme leur a fait illusion, leur nombre était bien faible comparé au chiffre total de leurs compagnons de captivité, et un Allemand de race eût hésité à signer un pareil avis. Ce commissaire s'appelait le marquis de Villers.

Par tout ce qui précède, on a pu voir quelle puissante organisation, quelle série habilement combinée de rouages militaires opprime et maintient sous le joug les provinces occupées par une armée allemande, à l'exception, toutefois, des territoires dont le gouvernement prussien médite et escompte par avance la conquête définitive. Ainsi, les arrondissements de Château-Salins et de Sarrebourg n'ont connu ni réquisitions, ni amendes, ni contributions. Bien avant la campagne, la ligne rectificative des frontières, dite de Moltke, était décidée, et des cartes faites en conséquence se vendaient en Allemagne. Aussi les populations purent-elles savoir, dès le début de la guerre, jusqu'où s'étendaient et où s'arrêtaient des prétentions qui ne se sont ni restreintes ni augmentées. Partout ailleurs, épuiser les ressources matérielles, rendre chaque commune responsable de tout dommage causé, sur son territoire, aux troupes ou aux services

prussiens, agir sans cesse par la menace des peines les plus draco-
niennes et les appliquer parfois aux hommes que leur situation met
le plus en vue, tel est le système voulu, prémédité, constant et uniforme auquel obéissent tous les fonctionnaires et que toute l'armée
pratique ou voit pratiquer avec la conviction que la guerre ne peut
se faire autrement. Les officiers les mieux élevés, et il y en a beaucoup, se contentent de dire : « Cela est dur, mais que voulez-vous ?
c'est la guerre. » Et puis vient sur-le-champ un souvenir local,
presque personnel, des exigences redoutables de nos armées depuis
Hoche jusqu'à Davout. Oui, quand on relit l'histoire ou quelques
souvenirs de ce temps, écrits même par les hommes les plus hono-
rables, on est tristement frappé de la ressemblance des faits, et l'on
doit reconnaître que de tels procédés ne choquaient pas alors les
esprits les plus honnêtes. Mais soixante ans, quatre-vingts ans nous en
séparent. Depuis lors la civilisation a fait un pas immense, les mœurs
se sont partout adoucies, et il est certain, pour les Allemands comme
pour nous, que nos armées de 1870, si elles avaient eu la victoire,
auraient usé d'une grande modération envers les populations.

Le clergé français a été vu, pendant tout le temps de la guerre,
d'un œil tout spécialement soupçonneux par les autorités allemandes, qui l'accusaient de pousser les habitants, des campagnes surtout, à la résistance. Plusieurs ecclésiastiques ont été arrêtés : les
uns pour des paroles prononcées en chaire et mal comprises ; d'autres sous la prévention d'avoir communiqué, par signaux, avec des
troupes françaises, ou d'avoir fait tirer de leur église sur des soldats
allemands. Un curé de campagne a été fusillé comme convaincu
d'un fait de cette nature.

Il faut encore dire un mot d'une institution prussienne qui constitue à certains moments une véritable calamité de plus pour les
territoires envahis. Nous voulons parler des chevaliers de Saint-Jean
et de Malte qui suivent en nombre formidable les armées, quoique
en dehors d'elles. Malgré les souvenirs guerriers que réveillent leurs
noms, leur mission aujourd'hui n'est plus qu'hospitalière, et consiste à centraliser d'abord, à distribuer plus tard, les dons considérables que la charité allemande envoie de toutes parts pour le soula-
gement des blessés et des malades. La seule différence entre eux est
que les uns sont catholiques (Malte) et les autres protestants (Saint-
Jean). La forme de la croix qui brille sur leur habit et la couleur de
cet habit les distinguent à ce point de vue. Soumis à la direction des
plus grands noms de l'Allemagne, quelques-uns prennent leur rôle
au sérieux, et grâce à eux les ambulances reçoivent des médicaments, des désinfectants, des couchages, des objets de toute espèce
qui font trop souvent défaut lorsque la marche de l'armée est rapide

et après de sanglantes batailles. Ceux-là font du bien, mais beaucoup n'ont cherché qu'une occasion de suivre la campagne de près, et les médecins allemands, fort éclairés en général, ne leur sont redevables d'aucune aide dans l'accomplissement de leur tâche. Par contre, lorsqu'au début leur situation n'est pas encore bien connue, ils vivent hardiment sur des réquisitions auxquelles ils n'ont pas droit. Derrière eux des bandes de soi-disant infirmiers s'étaient répandues. Porteurs du brassard à croix rouge, régulièrement timbré mais beaucoup trop libéralement distribué, ces hommes venaient s'abattre sur le pays avec droit au logement chez l'habitant par qui ils étaient redoutés pour leur insolence et leurs mauvais procédés. L'autorité militaire a fini par reconnaître que l'immense majorité ne rendait aucun service et ne paraissait jamais dans les hôpitaux. Des razzias successives, qui parfois en ont fait disparaître 300 en un jour sur un même point, ont débarrassé les villes de cette détestable engeance.

On vient de voir l'invasion prussienne dans ses rapports pour ainsi dire ordinaires, normaux avec nos malheureux départements. Ce régime déjà si oppressif s'est encore sensiblement aggravé pendant les deux derniers mois de la guerre, et cette aggravation, comme tout ce que fait l'administration prussienne, a été méthodique. A cette époque, la résistance prolongée de Paris, les luttes malheureuses mais sans cesse renouvelées de nos armées exaspéraient sans doute le gouvernement de Berlin. Ses troupes, toujours grossies de nouveaux renforts, se lassaient de cette guerre acharnée où les intempéries de la saison s'ajoutaient aux périls des champs de bataille. L'Allemagne enfin s'irritait de ne pas voir la fin si souvent annoncée de ce duel gigantesque. Tout en continuant les opérations, on voulut donc faire sentir plus lourdement encore aux populations envahies le poids de l'occupation. C'était se venger sur elles de la défense de la France, c'était peut-être leur arracher un cri de détresse qui se fît entendre du gouvernement de Bordeaux ou des provinces libres. En tout cas, c'était établir une compensation entre les sacrifices et les recettes, compensation qui n'est pas sans valeur pour la Prusse, où il est admis que la guerre non-seulement nourrit la guerre, mais doit laisser, tous comptes faits, un large bénéfice pécuniaire au vainqueur.

Par toutes ces considérations, l'impôt mensuel fut plus que triplé pour l'année 1871. La surveillance des personnes redoubla, et c'est à la date du 15 décembre que le roi de Prusse prit une ordonnance dont aucun commentaire ne pourrait valoir la simple reproduction :

2

« Nous, Guillaume, roi de Prusse, ordonnons ce qui suit aux gou-
« vernements généraux de l'Alsace et de la Lorraine :

« Art. 1er. Quiconque prendra du service dans les armées françai-
« ses aura ses biens présents et à venir confisqués et sera banni
« pendant dix ans.

« Art. 2. La condamnation sera prononcée sur l'ordre de notre
« gouverneur général. Trois jours après la publication faite par l'in-
« sertion dans la partie officielle du *Journal officiel*, elle aura toute
« l'efficacité d'un jugement ayant force de loi, et elle devra être
« exécutée par les autorités civiles et militaires.

« Art. 3. Tout payement et toute cession de biens faits en faveur
« du condamné après sa condamnation seront considérés comme
« nuls et non avenus.

« Art. 4. Toutes transactions entre vifs, toutes dispositions testa-
« mentaires faites par le condamné après la publication du présent
« décret, concernant tout ou partie de ses biens, seront déclarées
« nulles et non avenues.

« Art. 5. Quiconque voudra s'éloigner de son domicile devra en
« demander une permission écrite au préfet et indiquer les mo-
« tifs de son départ. Celui qui s'éloignera de son domicile sans avoir
« obtenu ladite permission, et pour plus de huit jours, sera consi-
« déré comme ayant pris du service dans l'armée française. Ce soup-
« çon légalement motivé par l'absence suffira pour prononcer la
« condamnation.

« Art. 6. Les préfets devront veiller à ce que les listes de pré-
« sence contenant le nom de tous les individus du sexe masculin
« soient régulièrement tenues et contrôlées.

« Art. 7. Les sommes provenant des confiscations en suite des
« condamnations seront versées à la caisse du gouverneur général.

« Art. 8. Le retour d'un exilé entraînera pour celui-ci la peine
« prévue par l'article 33 du code pénal.

« Art. 9. Le présent décret aura force de loi à partir du jour de la
« publication.

« Donné à notre quartier général de Versailles, le 15 décembre
« 1870.

« Signé : Guillaume.

« Contre-signé : de Bismark, de Roon. »

C'est également à cette période que se rapportent l'incident du
pont de Fontenoy et l'amende dont nous avons parlé. Ce qu'il faut
ajouter, c'est que deux jours après, les ouvriers demandés à Nancy

pour la réparation des arches brisées ne s'étant pas présentés en nombre suffisant, l'autorité allemande prit un arrêté par lequel elle défendait à tout chef d'atelier employant plus de dix ouvriers de reprendre ses travaux sous peine de mort, et, qu'en outre, tous les hommes réunis sur la grande place furent arrêtés, les ouvriers forcés d'aller travailler et les bourgeois maintenus en état d'arrestation jusqu'à ce qu'ils eussent fourni à leur place des bras plus habitués à la truelle et aux terrassements.

L'armistice ne suspendit les rigueurs ni contre la presse étrangère ou française[1], ni contre les communes[2], ni contre les personnes. A ce dernier égard, il suffira de citer l'arrestation du maire et de dix-huit notables de Lunéville saisis comme garantie des contributions mensuelles dues par cette ville.

Après la paix même, le recouvrement des impositions pour les mois de janvier et de février et pour les deux premiers jours de mars a été effectué sous menace, et souvent même avec commencement d'exécutions militaires. Jusqu'au 20 mars, aucun journal français n'a franchi les lignes, et l'un de ceux qui avaient essayé de reparaître dans le pays, avant cette date, a été saisi, condamné pour la seconde fois par le préfet prussien à la confiscation de son cautionnement et supprimé.

Si pourtant l'on voulait juger par ces faits l'esprit général de l'armée allemande, et surtout le caractère individuel du soldat, on s'en ferait une idée inexacte. A côté de la machine politique et militaire, il y a les hommes qu'il faut examiner en eux-mêmes et en dehors du système auquel ils obéissent.

II

Ce qui frappe dès l'abord, dans l'armée prussienne, c'est l'ordre et la discipline qui y règnent. Les bataillons marchent avec une régularité parfaite; après la plus rude étape, on ne voit pas un traînard. Aux jours de revue, soldats et officiers prennent même un pas à la fois si allongé et si relevé, qu'à nos yeux il est d'un effet au

---

[1] Arrêté du préfet de la Meurthe, relatif à l'introduction du journal *l'Indépendance belge* (17 février).

[2] Arrêté du même (4 février) contre quatre communes n'ayant pas fourni la liste des hommes de 20 à 40 ans.

Arrêté du commissaire civil : « L'exécution militaire est ordonnée contre toutes les communes sans exception dans lesquelles se trouvent des contribuables retardataires ou récalcitrants, les forains inclus. » (*Moniteur officiel* du 9 février.)

moins singulier. La tenue de toute l'infanterie, armée active et
landwehr, est simple, sans galons; l'épaulette n'existe pas; une
patte seule porte le nom du régiment. Tout paraît commode et
pratique, même le casque, lourd à l'œil, mais qui pèse peu et
muni de deux ventilateurs. Les hommes n'ont au dos qu'un sac
d'une médiocre dimension et un étui en fer-blanc qui sert aux
vivres. Le manteau roulé s'attache au travers du corps. Point de
tentes à porter : l'armée n'en a pour aucune des armes ; c'est ainsi
qu'elle avait fait les campagnes de 1864 et de 1866 et qu'elle a tra-
versé cette dernière guerre, sans dommage, paraît-il, pour la santé
des hommes, en tout cas sans plaintes. Nos pères, au reste, n'en
avaient pas davantage sous Napoléon Ier. Détail en contradiction avec
nos habitudes, tous les fantassins sont chaussés de bottes et semblent
s'en trouver bien. La cavalerie, parfaitement montée, a plus de re-
cherche et de variété dans les costumes; quelques-uns même ont
quelque chose de théâtral. L'artillerie, au contraire, est sévère et
sans ornements. Ajoutons que ses attelages, généralement excellents, sont harnachés avec soin. Mais, quelle que soit l'arme, la tenue
des hommes est rigoureusement réglementaire. Point de fantaisies
individuelles, même chez les officiers ; dans les mois les plus chauds,
pas un bouton n'est défait, pas un mouchoir au cou, pas une ceinture
autour du corps.

Arrivés à l'étape, ils rompent les rangs sur l'ordre de leurs chefs,
reçoivent leurs billets de logement, s'il y en a, se dispersent par es-
couades en cas de logement militaire, ou attendent une nouvelle direction : dans aucun cas on n'entend de bruit. Partent-ils même de
grand matin, un seul appel en trois notes d'un clairon triste et mé-
lancolique, d'autres fois un ordre donné d'avance, les rassemble en
quelques minutes au rendez-vous général. Chacun s'y rend dans le
même silence. Les choses se passent, dit-on, de même dans les camps,
et un général français prisonnier nous disait que la marche d'un
corps prussien ne s'entend pas à très-courte distance. Cet ordre si-
lencieux tient à la fois au caractère de la nation et à une discipline de
fer qui assure en même temps l'exactitude de toutes les parties du
service.

L'initiative individuelle doit manquer à des soldats ainsi comman-
dés, mais le devoir est partout accompli avec précision et ponctua-
lité. Les officiers, les chefs de corps, les généraux, les commandants
même de corps d'armée ou d'armées sont pliés à une obéissance sans
critiques et sans murmures. La tête puissante qui dirige toutes les
opérations n'admet que des instruments, mais ces instruments sont
sûrs et ne manquent jamais à l'heure voulue, tous se contentant de
l'honneur de contribuer suivant leur position au succès commun.

Nous tenons d'un officier français qu'à la première journée de Sedan plusieurs colonnes allemandes marchaient parallèlement à l'attaque d'une forte position sous un déluge de mitraille. A chaque décharge les rangs étaient largement troués, mais aussitôt ils se refermaient régulièrement, et par un mouvement presque mécanique. Des officiers prussiens affirment même que si parfois un moment d'ébranlement se manifeste dans une troupe, ses chefs l'arrêtent sous le feu, font exécuter quelques maniements d'armes comme sur un champ de manœuvre et font reprendre ensuite la marche aux soldats ramenés au sang-froid.

En retour d'une obéissance sans limites, les officiers sont fort attentifs au bien-être relatif de leurs troupes ; les vêtements comme les armes sont scrupuleusement inspectés et remplacés en temps voulu, les distributions de vivres surveillées avec soin. Les hommes se sentent donc à la fois contenus et protégés. Une autre cause concourt encore à leur entière subordination, c'est la confiance dans leur force et dans le talent des chefs qui les mènent. Cette confiance, qui les animait dès leur arrivée en Lorraine, reposait, au reste, sur les motifs les plus sérieux. Les principaux généraux engagés dans la lutte qui s'ouvrait avaient déjà fait leurs preuves ; le général de Moltke, et sous lui le prince héritier, le prince Frédéric-Charles, le général de Manteuffel étaient connus de l'armée entière : le premier par l'habile et sûre conception de ses plans, les autres par leurs talents de manœuvriers et de stratégistes. En Allemagne, où les côtés solides sont préférés au brillant, on ne demande pas aux généraux des qualités de sous-lieutenants, et l'on croit que leur métier est de diriger les troupes dans des opérations savantes et non de signaler leur bravoure personnelle en marchant à leur tête. Et, à ce sujet, n'est-il pas permis de penser que nos guerres d'Afrique, qui grandissaient le rôle des corps détachés et des officiers de grades inférieurs, ont pu être une mauvaise école pour arriver à la guerre faite par de grandes masses ?

D'un autre côté, les soldats prussiens savent que leur sang, loin d'être prodigué inutilement dans des actions aventureuses, sera ménagé avec soin. Tout le monde a su que le général Steinmetz avait été privé de son commandement pour avoir imprudemment sacrifié une partie de son corps d'armée. Le système des investissements substitué à celui des siéges n'est que l'application du même principe. L'Allemand ne met pas sa gloire à vaincre de haute lutte en dépit de tous les sacrifices, et réduire une ville forte par la famine en épargnant la vie des soldats lui paraît préférable à la prendre par une suite sanglante d'attaques en règle. Si le but est atteint avec autant de certitude, l'orgueil national est satisfait. Il en est de même de la trop fameuse théorie de la ligne enveloppante qui, presque toujours mise en pratique, a écrasé nos armées sous l'action combinée de masses supérieures. Et, en définitive, l'ennemi qui se laisse enserrer dans une position ou affamer dans une place n'a pas à incriminer des moyens d'attaque où l'art du stratégiste s'appuie sur le nombre des hommes et par conséquent sur les efforts de la nation. Mais on ne peut pas ne pas protester contre les bombardements qui passent par-dessus les lignes de défense et vont porter l'incendie et la mort au cœur des villes pour faire céder la résistance militaire sous le poids des malheurs infligés à la population civile. Les ruines de nos villes fortes de l'Est crient éloquemment contre cet abus de la guerre, car ici, si les troupes prussiennes sont ménagées, c'est en versant le sang des femmes et des enfants.

Ce qui est de bonne guerre et régulier, c'est la manière habile dont les différentes armes ont été employées par les commandants des armées. Dès qu'ils ont pu se convaincre de la supériorité de nos chassepots, que leurs soldats appelaient *des fusils du diable*, le rôle de l'infanterie a été fort diminué. L'attaque à la baïonnette n'était pas dans les aptitudes physiques du fantassin allemand ; elle n'eût pas été davantage dans les idées de ses chefs, comme trop meurtrière. L'artillerie nombreuse, d'une précision extrême, et d'une portée supérieure à celle de nos canons, a été aussitôt appelée à prendre la plus grande part aux batailles. Il est digne de remarque que cette arme, dont l'infériorité avait ét éreconnue par la Prusse en 1866, a reçu immédiatement toutes les améliorations nécessaires, et c'est dans l'espace de quatre ans que la puissance des pièces et l'instruction des hommes ont été portées au point que nous avons vu.

Enfin la cavalerie, malgré le nombre énorme de ses escadrons, est rarement employée à charger sur le champ de bataille. Éclairer l'armée à de grandes distances, par des détachements successifs habilement reliés entre eux, former ainsi devant elle un rideau qui la dissimule, faire des reconnaissances hardies, détruire les chemins de fer et les lignes télégraphiques, saisir les correspondances, appuyer par la force les réquisitions, telle est sa mission principale. Aussi est-ce toujours par elle que l'approche de l'armée est annoncée, tantôt quelques heures seulement, tantôt un jour à l'avance, et le soin avec lequel ces détachements sont composés est tel, que, dans nos pays lorrains du moins, les premiers cavaliers qui pénétraient dans une ville la connaissaient déjà parfaitement pour y avoir vécu dans le commerce ou l'industrie, par suite des émigrations si communes en Allemagne. Ils vont donc droit à leur but. Pour ce qui est des campagnes, les cartes, dont officiers et sous-officiers sont abondamment pourvus[1], sont si détaillées qu'ils n'hésitent jamais sur la direction à suivre.

Ce rapide examen des diverses armes qui composent les armées allemandes doit être accompagné d'un état de leurs forces relatives, par corps d'armée.

Voici quelle était, au 15 février, c'est-à-dire après toutes les pertes de la guerre, la composition de chacun d'eux :

La première armée comprenait, sous le général de Gœben, 56 bataillons, 56 escadrons, 34 batteries de campagne ;

La seconde (prince Frédéric-Charles), 98 bataillons, 136 escadrons, 61 batteries ;

La troisième (prince royal de Prusse), 129 bataillons, 56 escadrons, 58 batteries ;

La quatrième (prince royal de Saxe), 93 bataillons, 60 escadrons, 98 batteries ;

La cinquième (général de Manteuffel), 118 bataillons, 94 escadrons, 91 batteries ;

Les commandements d'étapes comptaient 27 bataillons, 24 escadrons, 33 batteries ;

Les places fortes et les garnisons 89 bataillons, 24 escadrons, 33 batteries.

L'ensemble de ces forces s'élevait à 780,000 hommes.

C'est aux hommes spéciaux qu'il appartient de commenter ces chiffres et les proportions des différentes armes, mais on comprend que les troupes se reposent avec certitude sur de pareils nombres. Tout cet effectif donne en effet autant de soldats que d'hommes. Il fallait toute notre ignorance nationale des choses du dehors pour assimiler les landwehrs à une garde nationale, et la guerre seule a pu nous apprendre que ce sont d'anciens soldats ayant tous passé par le service actif et par la réserve, et soumis encore à des exercices qui les maintiennent propres à la vie militaire. Toutefois, comme beaucoup sont mariés, leur rôle ordinaire consiste surtout à occuper les lieux d'étapes et les garnisons. Mais les circonstances exceptionnelles de la guerre de 1870 les ont appelés souvent à prendre part aux batailles, et ils s'y sont comportés aussi énergiquement que les bataillons plus jeunes.

La force et la confiance n'excluent, dans l'armée prussienne, ni la prudence ni la prévoyance ; rien ne coûte à ses chefs pour assurer sa sûreté et celle de ses approvisionnements de toute nature. Ainsi le directeur des chemins de fer rhénans, devenu colonel par

---

[1] Les deux corps d'armée bavarois en avaient à eux seuls reçu 100,000 du bureau topographique de Munich.

circonstance, est venu construire en trente ou trente-cinq jours un chemin de fer destiné à amener de Rémilly à Pont-à-Mousson les munitions et les vivres auxquels la défense de Metz coupait les voies ferrées déjà faites. Partout, quel que soit le moyen employé, le soldat est toujours certain de ne manquer ni de cartouches dans le combat ni de nourriture si le pays est épuisé.

De même, les surprises sont fort rares, les précautions étant poussées jusqu'aux dernières limites, tant à l'égard des troupes ennemies qu'à celui des populations. Bien que les soldats des garnisons sortent sans armes comme en pays allemand, ce qui, même pour ce dernier cas, est digne d'être opposé à nos habitudes en pareille matière, la vigilance des autorités est extrême en toutes circonstances ; mais à la plus insignifiante alerte, les postes sont immédiatement doublés, les sentinelles échelonnés sur les routes, les consignes les plus rigoureuses arrêtent ou détournent la circulation des habitants, forcés en outre à renter chez eux dès dix ou onze heures du soir, sous peine d'arrestation, et chez les particuliers, soldats et officiers couchent le pistolet sous la main et bougie ou chandelle allumée. Quelques-uns laissent même, sans grande difficulté, paraître leurs appréhensions. C'est là un des nombreux cas où se montre, de la part de l'autorité, un mélange de précaution militaire et d'intimidation à l'égard du pays occupé, et de la part du soldat un instinct très-bourgeois de conservation à côté d'un courage très-réel.

Rien ne rend plus difficile à étudier les armées allemandes que le singulier assemblage de sentiments complexes partout ailleurs inconciliables. Un mélange d'oppression et de bonhomie, d'arrogance et de simplicité, de constance et de timidité, de confiance dans la victoire et de mal du pays ou même de découragement, voilà ce qui se rencontre à chaque pas dans le même homme, et ce qui, en définitive, fait le fond de ces masses puissantes avec lesquelles MM. de Bismark et de Moltke ont bouleversé le monde européen. Ce fait, d'ailleurs, n'est pas nouveau. Dans son livre sur l'Allemagne, qui en beaucoup d'endroits paraît écrit d'hier, madame de Staël disait : « On est frappé sans cesse, en Allemagne, du contraste qui existe entre les sentiments et les habitudes, entre les talents et les goûts ; la civilisation et la nature semblent ne pas s'être bien amalgamées ensemble ; » et un peu plus loin : « Il n'est point d'assemblage plus bizarre que l'aspect guerrier de l'Allemagne entière, les soldats que l'on rencontre à chaque pas et le genre de vie casanier qu'on y mène. »

Après avoir vu de près l'interminable défilé des troupes allemandes, on n'est pas moins frappé du contraste que présente le caractère individuel des soldats (sauf de rares exceptions) avec le militarisme universel de leur patrie. Ce n'est pas un paradoxe d'affirmer que fort peu d'entre eux aiment la guerre et se sentent animés de cette valeur aventureuse si souvent reconnue chez les Français par leurs ennemis eux-mêmes. Combien ne quittaient l'étape qu'avec un vif regret d'aller plus avant! Et chez les officiers quelle profonde horreur inspirée par la vue des champs de bataille. L'un d'eux, Silésien pourtant, et de la noblesse, disait : « Je dégoûte cette guerre. » Dans ce français germanisé, il exprimait la pensée du plus grand nombre. Les régiments composés d'hommes de la vieille Prusse sont seuls plus belliqueux : on sent que leurs pères ont été élevés à l'école de Frédéric ou dans sa tradition. Même parmi eux pourtant, il est presque impossible de trouver des soldats pour qui le combat soit un aimant et un plaisir. Leur attitude est plus antifrançaise; dans une victoire remportée, ils goûtent plus la satisfaction de voir la patrie élevée et l'ennemi abaissé; mais ce n'est pas là la passion de la guerre. Quant à la forfanterie personnelle, c'est un cas exceptionnel. Le type même du *troupier* n'existe pas. Pour la masse de l'armée, Saxons, Hanovriens, Hessois, Rhénans même, n'ayant point contre nous de haine dans le cœur, disposés plutôt à la sympathie, ils ne cherchaient, dès les premiers mois de la guerre, dans les bulletins des succès allemands, que l'espoir d'une paix prochaine. Croyant la tenir après Sedan, puis après Metz, et toujours déçus, ils ne cachaient guère leur douleur de voir la campagne se prolonger. Les hommes mariés surtout pleuraient en pensant à leur famille. Et cependant, inébranlables au feu, ils souffrent avec patience les fatigues et les maladies, et cette armée, qu'on croyait devoir se fondre après quelques semaines, a tenu six mois au travers des plus grandes épreuves. La Meurthe et la Moselle notamment ont pu compter leurs blessés et leurs malades.

Chez les habitants des villes, le soldat allemand se contente en général de peu pour son gîte. Une botte de paille ou de foin lui suffit. Il est facile d'humeur et honnête de mœurs ; ainsi, dans une ville où assurément plus de 500,000 hommes ont passé, à peine a-t-on vu quelques faits isolés de brutalité, malgré les difficultés de la situation et la différence des langues. Les plus graves ont été dus aux ordres de deux officiers qui, sans provocation, ont fait frapper de coups de sabres des habitants inoffensifs. Les vols ont été rares et se sont bornés presque toujours à des objets de mince valeur. Dans les maisons surtout où l'Allemand trouve un maître d'une condition sociale un peu élevée, l'ordre est très-rarement troublé. Dans celles, au contraire, qui sont inhabitées, de nombreux dégâts ont lieu : le linge, le mobilier même disparaissent, et beaucoup d'objets son brisés pour le seul plaisir de la destruction. A la campagne, les cul-

tivateurs ont peu perdu par des rapines individuelles, mais ils ont
eu beaucoup à souffrir de la part des *Marketenders*, c'est-à-dire de
ces convoyeurs qui suivent en nombre infini les armées allemandes,
conduisant de longues charrettes à quatre roues, couvertes de toile
et pleines de provisions de toute sorte.

Le soldat mange beaucoup, mais lorsque le pays ne peut plus fournir de vivres, ou que par exception il en est dispensé, l'ordinaire
livré par l'administration se compose avant tout d'un pain de seigle
noir très-serré, facile à conserver pendant quelques jours, mais souvent trop longtemps gardé et moisi, d'un saucisson aux pois inventé,
dit-on, par la reine Augusta, et de lard que les hommes mangent le
plus habituellement cru. Il est vrai que le bœuf avait disparu par
suite de la peste bovine, et que la troupe avait fini par se lasser du
mouton. Quant aux boissons, dans les premiers mois, les soldats
étaient fort sobres et les cas d'ivresse extrêmement rares ; mais un
séjour prolongé dans des pays vinicoles a notablement altéré leur
tempérance.

Il manquerait un trait important à leur caractère, si l'on n'ajou-
tait que leur réserve envers les femmes n'a souffert d'exception
qu'auprès de celles qui étaient habituées par avance à une conduite
plus que légère. Un seul fait de violence s'est produit, à notre connaissance ; il était imputable à un officier. La plainte de la femme a
été immédiatement reçue, l'officier a disparu, et il a été affirmé que,
rappelé en Allemagne et jugé, il avait été sévèrement puni.

Au physique, la race en général est grande, forte et saine. Les
cavaliers et les conducteurs manient avec facilité leurs chevaux qu'ils
ne maltraitent pas. Les fantassins supportaient même, au mois
d'août, des marches de 36 et 40 kilomètres. Ce sont évidemment
les fils de pères vigoureux et tempérants : la civilisation ne les a
pas amollis, et le vice n'a pas corrompu leur sang.

Quant à l'instruction, on sait que l'enseignement primaire est
obligatoire en Allemagne. Arrivés dans les régiments, les soldats y
suivent des cours où la géographie, l'étude et l'intelligence des cartes figurent en première ligne, mais en raison de la participation de
toutes les classes de la société au service militaire, il se trouve parmi
les sous-officiers, et même dans les rangs, beaucoup d'hommes plus
instruits. Tel sergent est à l'ordinaire directeur ou propriétaire d'une
usine importante ; tel autre est à la tête d'une maison considérable.
Un acteur en renom de Dresde était simple soldat ; des professeurs
de physique ou de mathématiques n'ont pas un grade plus élevé. Un
grand nombre appartenant à des familles aisées ont reçu les connaissances spéciales nécessaires à une profession. De tous les rapproche-
ments que crée la vie militaire entre hommes d'origines diverses, il

résulte une influence favorable pour ceux même qui n'ont eu que l'instruction commune, et le niveau général est bien supérieur à celui des autres armées européennes.

En résumé, les mœurs individuelles sont de beaucoup plus douces que le système auquel les hommes obéissent ; elles ne paraissent pas appartenir au même temps et en tempèrent quelque peu l'application.

III

Comment donc tant d'éléments différents, contraires même, concourent-ils à une si puissante unité d'action? Comment des millions d'hommes séparés par les croyances religieuses et les souvenirs historiques, pacifiques d'humeur, froids et calmes par caractère, pères de nombreuses familles pour la plupart, se transforment-ils en soldats disciplinés, unis et conquérants? Comment exécutent-ils sans refus ni remords les ordres violents parfois, rudes toujours de leurs chefs? C'est là un problème qui pendant quelque temps semble insoluble. Et cependant, si l'on regardait attentivement le premier venu de la landwehr, on en aurait l'explication, car chacun d'eux la porte inscrite sur son shako à double visière. Une date et six mots y apparaissent comme le symbole de la force nationale : 1813. *Mit Gott, für Kœnig und Vaterland* (avec Dieu, pour le roi et la patrie). Tout est là, la soif de la vengeance, la foi religieuse, la foi monarchique et le culte de la patrie. Depuis soixante ans, les Prussiens n'ont pas cessé de nourrir l'espoir d'une revanche éclatante. Ni 1814 ni 1815 ne leur ont suffi : leurs succès à cette époque étaient sans doute trop partagés avec leurs alliés. Pour arriver à leur but, rien ne les a lassés, et la Prusse est restée *une caserne*, malgré le développement pris par la bourgeoisie vouée au commerce et à l'industrie, malgré le goût naturel des esprits pour les sciences, les lettres et les études abstraites, malgré l'instruction et le progrès des idées libérales si contraires dans d'autres pays au régime militaire. Tout homme est soldat ; l'uniforme est honoré par tous et porté par tous non-seulement avec convenance, mais avec satisfaction. Les officiers ne le quittent jamais pour une tenue civile, et le roi lui-même donne l'exemple. Cette habitude générale sert bien plus qu'on ne le croirait à maintenir à l'armée la première place dans l'estime publique et à y fortifier la discipline. En même temps, l'obligation du service rend les esprits plus calmes, car nul n'ignore qu'au jour du danger il devra tout quitter, famille et occupations, pour servir de nouveau son pays. L'âge seul lui apporte enfin une dispense. Ce devoir rude et prolongé est adouci pour l'Allemand par l'idée même que c'est un devoir. Le devoir est la base de sa vie. Son enfance pliée à la règle par l'autorité restée intacte du père de famille et par l'action de l'école obligatoire, ses mœurs simples, la nature de son esprit porté à la fois aux choses sérieuses dans l'ordre intellectuel et aux idées pratiques dans le monde matériel, la pente de son âme sincèrement religieuse, quelle que soit sa confession, tout le dispose à obéir sans résistance sinon avec enthousiasme aux lois même les plus pénibles.

Le grand Frédéric a eu beau s'entourer de philosophes français ; leur esprit, qui, en France, a miné tant de croyances, n'a point fait de ravages en Prusse ; venu du dehors, le scepticisme avait contre lui son origine étrangère, et les idées religieuses étaient mieux assises. Depuis lors, si la critique philosophique a produit et produit encore de savants athées, leurs doctrines trop scientifiques, dont nous sommes loin toutefois de nier l'influence dans certains milieux, n'ont pas pénétré au cœur de la nation. La masse est restée fidèle aux principes, et pendant que les soldats catholiques des autres parties de la Confédération se pressaient à la messe et aux offices du carême, les protestants étaient réunis par leurs pasteurs, en été sous les arbres d'une promenade, en hiver dans nos églises, dont la tolérance très-digne d'éloges de notre clergé leur avait ouvert les portes.

Un exemple montrera mieux encore l'influence de la religion sur les esprits dans l'armée allemande. La nouvelle de la capitulation de Sedan arriva dans une petite ville de la Meurthe, le 3 septembre, à la tombée de la nuit. Le commandant de l'étape lut aux troupes rassemblées le télégramme officiel, les soldats poussèrent quelques hourrahs, et aussitôt le pasteur leur adressa une allocution pour les engager à la reconnaissance envers Dieu. Le soir, aucun désordre n'eut lieu ; plusieurs habitants, en rentrant chez eux, trouvèrent les uhlans qu'ils logeaient réunis dans une prière commune, et, le lendemain, une inscription apposée sur le balcon de la *Commandantur* (état-major de la place) portait ces mots : « L'honneur n'est point à nous, il est à vous, mon Dieu ! » et au-dessous : « Vive le roi ! » Ce dernier cri n'est pas, de la part des Prussiens, la manifestation d'un simple enthousiasme officiel, par conséquent banal. Il sort bien de leur cœur, et quand ils disent : « *unser Kœnig* (notre roi), » ils prononcent ces deux mots avec une emphase sincère qui exprime à la fois leur respect, leur affection et leur dévouement avec une sorte de familiarité. Il y a là un peu du sentiment complexe qui identifiait jadis les vieux serviteurs d'une maison avec la famille du maître.

La Prusse n'a pas subi les effets des révolutions. Elle n'a pas vu tomber les dynasties et se succéder les diverses formes de gouvernement. Monarchique par tempérament, malgré des indices isolés jus-qu'ici de nouvelles aspirations sociales, elle a conservé son culte pour la maison royale, qui, à ses yeux, personnifie encore le pays.

Soutenu par ces sentiments et aidé par deux hommes remarquables, le roi Guillaume a pu suivre à la fois deux grands desseins qui se complétaient l'un par l'autre : la création de l'unité allemande et les préparatifs d'une guerre contre la France. Les campagnes de 1864 et 1866 ont eu ce double but ; elles ont agrandi les États de la monarchie prussienne et aguerri ses soldats. Elles ont surtout fait faire un pas immense au mouvement unitaire : la Confédération du Nord est sortie de la guerre contre l'Autriche.

Sans compter les motifs qui retenaient dans une neutralité plus ou moins *attentive* les grandes puissances de l'Europe (et dont l'étude dépasserait les bornes de ce travail), les circonstances intérieures de l'Allemagne favorisèrent l'ambition de la Prusse. Le roi de Saxe, fort aimé et vénéré, était très-âgé. Le roi de Bavière au contraire, très-jeune, peu connu de son peuple et sans ascendant personnel, s'inquiétait médiocrement des intérêts de sa couronne. Les autres princes n'étaient point de taille à opposer une résistance efficace, et le sort du malheureux roi de Hanovre n'était pas fait pour les enhardir. Quant aux peuples, il ne faut pas s'étonner qu'ils aient accepté sans grande difficulté la suprématie prussienne, qui cache pourtant à peine la prochaine disparition des États distincts. Depuis des siècles, l'Allemagne a senti le poids en même temps que la faiblesse de ces petits gouvernements souverains, semés et pour ainsi dire émiettés sur toute sa surface, ruineux par les dépenses des cours et de ce qu'on appelle aujourd'hui les états-majors, et sans défense possible contre les fantaisies envahissantes d'un voisin plus puissant. A travers des événements politiques sur lesquels nous ne pouvons nous étendre, mais où l'on ne peut méconnaître, à certaines époques, l'influence de la France elle-même, le mouvement allemand s'est successive-ment développé dans le sens de l'unitarisme pour y chercher la force et les avantages des grandes nations.

On a beaucoup abusé de la théorie du droit des nationalités, et l'on a prétendu justifier par là les pratiques des ambitions les plus insatiables des souverains en dépit des traités et contre le vœu des populations. Entendu en ce sens, ce prétendu droit n'est que l'abus de la force. Mais un fait certain, prouvé par l'histoire de la France aussi bien que par celle de l'Italie ou de l'Allemagne, c'est la ten-dance des peuples à repousser aux époques de civilisation et de pro-grès les étroites barrières dans lesquelles ils ont tous commencé par s'enfermer aux temps de troubles et de barbarie. De proche en proche, républiques libres ou petits États despotiques ont cédé à ce courant qui est dans la nature des choses non moins que dans la raison, et rationnellement aussi chaque peuple a cherché à se fondre avec ceux auxquels le rattachaient des liens communs d'origine, de mœurs et de langage. Lorsque la nationalité est ainsi comprise, quand l'agrégation se fait avec le consentement des populations intéressées et sans l'aide de la violence, les diplomates peuvent s'émouvoir de la rupture des lois d'un équilibre inventé jadis, mais le mouvement est conforme aux intérêts des peuples. Il suit de là que la spoliation du Danemark, la suppression violente du Hanovre, la prise récente de l'Alsace et d'une partie de la Lorraine, accomplies par la force brutale de la guerre et antipathiques à des populations attachées de cœur à leur nationalité, sont contraires à tout droit et à toute justice. Au contraire, le mouvement qui a rangé facilement une grande partie de l'Allemagne d'abord sous le régime d'une grande union douanière et monétaire et ensuite sous l'entière prédominance de la Prusse, répond aux aspirations les plus ardentes et les plus légitimes de fractions résolues à composer un tout.

Le roi de Prusse l'a bien compris, et, malgré certains bouillonnements qui suivent toujours d'aussi grands changements, il n'a pas hésité à lancer dans une guerre contre la France ces éléments divers de fusion récente encore imparfaitement unis. Promettre la victoire contre l'ennemi commun à tous ceux qui marcheraient sous le drapeau allemand, c'était achever l'œuvre de l'unité à l'intérieur en même temps que chercher à atteindre le véritable objectif que la Prusse poursuivait depuis un demi-siècle avec une inébranlable persistance de préparation.

L'événement a prouvé, malheureusement pour nous, qu'il ne s'était pas trompé. Pour qui a vu de près les troupes hétérogènes de l'armée allemande, il est certain que les esprits gardaient encore, au commencement de la campagne, des traces sérieuses de leur ancienne séparation. Les Prussiens, de vieille souche surtout, faisaient médiocrement cas de leurs alliés, et ceux-ci avaient peu de sympathie pour les régiments de Brandebourg ou de Silésie. Nonobstant, tous ont marché côte à côte sous l'empire d'une même idée nationale : aucune défection, aucune défaillance ne se sont produites. Saxons et Bavarois exposés, à ce qu'il semble, avec préméditation aux points les plus dangereux, mais, il est vrai, soutenus par la victoire, ont vaillamment maintenu leurs postes et largement payé leur sanglante bienvenue dans les armées de l'Allemagne confédérée. La reconstitution de l'empire d'Allemagne s'est faite, et le roi de Prusse est désormais, de par son titre, reconnu de tous le chef de la race allemande en dehors de l'Autriche. Les petites cours, réduites à un simulacre de vie, ne dépendent plus que de son bon plaisir, et leurs jours sont comptés. L'unité est faite, à supposer même que, dans un temps donné, la monarchie autrichienne, divisée par ses tiraillements intérieurs, ne succombe pas sous la double étreinte de la Russie et du nouvel empire, qui trouverait dans le démembrement des États austro-hongrois le dernier complément de sa grandeur.

Par quel aveuglement le gouvernement français put-il se tromper sur l'importance du mouvement qui s'accomplissait au delà du Rhin, ou penser qu'une guerre détruirait l'union de l'Allemagne? L'histoire le dira : quelle qu'en ait été la raison, la faute fut immense. — De son côté, il faut le reconnaître, le pays n'était que trop disposé à fermer les yeux sur ce qui se passait chez nos voisins. L'ignorance des langues étrangères, le peu de goût pour les voyages et surtout pour les voyages sérieux, avant tout la conviction où nous sommes de notre supériorité nationale à tous les points de vue, tout nous pousse à n'étudier ni de près ni de loin l'organisation politique, administrative et militaire des peuples qui nous entourent. Le préjugé public voulait d'ailleurs qu'un Français valût, c'était le terme consacré, trois Prussiens sur un champ de bataille, si l'on venait à se rencontrer.

Aussi le pays et la Chambre accueillirent-ils avec une grande répugnance la création de la garde mobile, qui ne put exister que sur le papier. Les députés les plus habitués à se plier aux volontés du gouvernement avaient peine à voter le budget impopulaire de la guerre, et l'opposition, à l'exception de M. Thiers, trop versé dans les choses de l'armée et dans la connaissance de l'Europe, s'élevait en toute occasion contre le chiffre de nos forces. L'un de ses orateurs les plus éloquents soutenait qu'en cas d'invasion les *levées en masse* assureraient nos victoires. En vain un historien connu par ses belles et savantes études sur notre passé militaire, M. Camille Rousset, avait-il prouvé récemment, les pièces officielles de l'époque en main, que les volontaires de 1792 n'avaient eu de valeur qu'après avoir été versés dans les cadres de l'ancienne armée. Grâce à l'empire de la légende perpétuée par la presse démocratique, le pays s'endormait, inconscient du danger, ou croyait pouvoir compter sur la puissance d'un réveil général à une heure suprême. Il fallait la cruelle épreuve que nous venons de traverser pour nous détromper. — Le vent, d'ailleurs, était partout à la paix. Le nombre des candidats aux Écoles militaires allait sans cesse diminuant, les officiers d'une certaine position sociale donnaient de bonne heure leur démission. L'épaulette ayant perdu son prestige, beaucoup de ceux mêmes qui continuaient à la porter faisaient leur service avec une certaine mollesse et ne cherchaient qu'une occasion de *se mettre en bourgeois*, faculté refusée, à leur grand mécontentement, par quelques généraux, mais, au contraire, convertie en ordre pour la garnison de Paris, où le gouvernement, depuis longtemps, ne voulait pas faire montre de défiance et d'appareil militaire. Les soldats, avec de tels exemples sous les yeux, ne pouvaient être fort zélés pour leur métier, la discipline se relâchait et les chefs de corps se voyaient chaque jour accablés de demandes de congés. Il ne faut pas oublier non plus que, depuis la loi nouvelle, les hommes, voyant à courte échéance leur libération, aspiraient à ce terme dès le premier jour et ne se donnaient plus la peine de travailler pour devenir sous-officiers. Dans les armes spéciales surtout, les cadres se remplissaient avec peine de sujets insuffisants. M. Thiers avait signalé à la tribune ce danger reconnu par tous les colonels. Ce défaut d'instruction dans le corps des sous-officiers n'a pas été un des moindres défauts de notre armée, et nous avons de fortes raisons de croire que nos soldats l'ont compris pendant et depuis la campagne. Dans les rangs, l'enseignement le plus élémentaire manque presque absolument. Sur mille hommes qui composaient une ambulance placée sous notre direction, beaucoup ne savaient ni écrire ni même épeler leur nom, et, pour ainsi dire, aucun ne se doutait ni de l'orthographe ni de la géographie. — Et, puisque ce sujet rentre forcément dans notre travail, il faut bien dire, quoique avec un profond regret, que quelques-uns de nos officiers ignoraient les choses même les plus nécessaires à leur service. Au début de la guerre, lorsque les corps d'armée destinés à opérer en avant de Metz passaient par la vallée de la Moselle, plusieurs demandaient si la rivière n'était pas la Sarre. Un officier d'état-major croyait le Rhin tout près de Sarrebrück. Presque tous étaient dépourvus de cartes, et fort peu paraissaient s'occuper des questions d'histoire et de géographie que l'approche imminente des hostilités devaient leur rendre le plus utiles à connaître ou à relire.

Parmi les causes indépendantes de la conduite des armées, mais inhérentes à l'esprit français et qui ont contribué à nos revers, il faut inscrire encore l'attitude de la presse. On se rappelle qu'au lendemain de la déclaration de guerre, le garde des sceaux avait demandé et obtenu une loi qui interdisait tout compte rendu des mouvements militaires. Les journaux s'émurent; leurs rédacteurs allèrent trouver M. Émile Ollivier et reçurent des explications desquelles il résultait que le silence n'était exigé qu'au sujet des plans de campagne et des opérations destinées à en assurer la réalisation, mais non pour des faits de guerre accomplis. Peu de jours après, toutes les feuilles publiques donnaient, sous des voiles beaucoup trop transparents pour les yeux exercés de l'ennemi, une foule de détails sur les ordres transmis par les ministères de la guerre ou de la marine, et sans aucun déguisement les nouvelles du camp de Châlons, du départ des maréchaux, de l'empereur, etc. A partir du 12 août, enfermés par les Allemands dans un cercle où n'a pénétré, pendant sept mois, aucun journal français, nous n'avons pu suivre la presse parisienne, mais il n'est pas douteux qu'elle n'ait rendu à l'ennemi de grands services. Ainsi, à maintes reprises, nous avons pu lire dans les journaux allemands des articles reproduits de telle ou telle feuille sur les travaux de défense exécutés à Paris, la construction et l'emplacement de nouveaux forts, les points laissés faibles, la nomination d'une commission de barricades, les tranchées ouvertes dans l'avenue de l'Impératrice, l'état des approvisionnements et une foule d'autres détails circonstanciés qui, certes, n'étaient pas perdus pour les Prussiens. De même, les journaux de Lyon et du Midi se sont plu à divulguer, quinze jours à l'avance, le plan du général Bourbaki, ce qui nous a fait craindre immédiatement son insuccès. Assurément le patriotisme de la presse ne saurait être mis en doute. La gloire d'être bien informés, le désir de répondre à l'impatiente curiosité des lecteurs sont sans doute les seules causes de ces indiscrétions, mais elles font beaucoup de mal au dehors et peu de bien au dedans. Ajoutons à ce passif des journaux la légèreté plus que regrettable avec laquelle la plupart n'ont cessé d'accueillir les bruits les plus inexacts de continuelles victoires par nous remportées. Plus l'histoire quotidienne de ces six mois était dure pour des cœurs français, plus il y avait d'inconvenance à la travestir ou à ne pas savoir l'accepter telle qu'elle était. S'il y avait là un calcul en vue de ranimer les espérances, ce moyen, désavoué par l'honnêteté publique, allait encore contre son but, car chaque jour voyait démentir les promesses ou les assurances de la veille.

Les principaux organes de la presse allemande nous ont au contraire frappés par la sincérité avec laquelle ils mettaient sous les yeux de l'Allemagne toute l'horreur des champs de bataille, les privations et les souffrances des armées, et toutes les éventualités de périls, de maladies et de fatigues que présentait telle ou telle partie, officiellement résolue et annoncée, de la campagne. En outre, des listes innombrables d'officiers et de soldats morts ou blessés remplissaient chaque jour plusieurs colonnes et souvent des feuilles entières. Il y avait dans ces récits, dans ces nécrologes, dans l'exposé de ces prévisions, une preuve très-forte de la virilité de la nation. Partout, et notamment dans les gazettes de Berlin, dominait le sentiment très-accentué de l'unitarisme prêt à s'étendre sur l'Alsace, mais surtout le bonheur, si longtemps attendu, d'une revanche prise sur la France qui, après avoir imposé ses armes, imposait encore ses jugements, sa littérature et jusqu'à ses modes. Nous nous rappelons à ce propos un article où la *Gazette de la Croix*, tonnant contre les crinolines et les chignons, émettait l'ardent espoir que désormais les dames prussiennes n'iraient plus chercher leurs modes à Paris. A l'égard de nos armées et de la résistance de la France, le ton, sauf de rares exceptions, était convenable et sans forfanterie, comme sans dénigrement (nous avons déjà dit que ceci ne s'applique pas aux journaux officiels publiés dans les pays occupés). ..

Si nous ne nous trompons, il résulte de tout ce qu'on vient de lire que les succès de l'Allemagne ont tenu autant à ses mœurs politiques et sociales qu'à ses institutions ou à ses hommes de guerre. De son côté, si la France a eu des chefs militaires incapables nommés à la tête des armées par un gouvernement qui déclarait *d'un cœur léger* une pareille guerre, elle portait aux sources mêmes de sa vie les causes profondes et morales des désastres qui nous étaient réservés. La plus grave était sans contredit l'état politique du pays, depuis quatre-vingts ans ballotté par des révolutions incessantes, et divisé, sous chaque régime, entre les partisans du présent et ceux des dynasties ou des systèmes tombés. Dans un siècle où, de par la loi, les classes sociales n'existaient plus, elles sont restées aussi séparées que jamais, parce que, en réalité, la monarchie de 1815, le gouvernement de juillet et l'empire les ont successivement isolées, en s'appuyant à peu près exclusivement, la première sur la noblesse, le second sur la bourgeoisie, le dernier sur le peuple des villes et des campagnes. Tous ont ainsi maintenu à l'état d'hostilité perpétuelle les éléments divers qui auraient dû s'associer dans une action commune, et apporter à la couronne leurs contingents de force morale et intellectuelle ou leur appui numérique. Si cette grande fusion s'était faite, il aurait pu se former une foi monarchique générale, identifiant avec un nom la cause du pays. Le contraire s'est produit : il n'y en a plus pour l'immense majorité de la nation, et le reste se partage, suivant les tendances individuelles et les situations sociales, entre les souvenirs de trois époques. Nous n'avons pas davantage une foi républicaine ; car si le pays paraît disposé à accepter la république, au sortir de tant de crises et de tant d'essais monarchiques, on ne peut pas dire que son éducation et ses habitudes lui aient mis au cœur cette nouvelle croyance. Il y a en plus ou moins grand nombre des républicains convaincus, et Dieu nous garde de les confondre en rien avec les hommes de toute autre nuance qui se couvrent du même nom, mais les masses, en dehors des villes tout au moins, n'ont pas le culte de la république. En un mot, il n'y a pas en France de foi d'État admise de tous, et qui résume dans un cri, quel qu'il soit, l'amour de la patrie, en le personnifiant dans un homme ou dans un être moral. C'est là un grand malheur.

Nous devons espérer du moins que, quelle que soit la forme du gouvernement à laquelle le pays s'arrête, tous les partis comprendront la nécessité d'étouffer les divisions intérieures pour reconstituer nos forces nationales.

Il semble inévitable que notre pays se plie au système de l'organisation militaire allemande, que tout homme serve pendant un certain temps dans l'armée active, et reste, en temps de guerre, sous le coup d'un appel auquel quelques années d'exercices dans la réserve l'auront empêché de devenir impropre.

La république paraît être plus qu'aucune monarchie capable d'inaugurer un pareil système, l'opposition et le pays ne pouvant en imputer l'établissement à une pensée dynastique.

Mais encore faudra-t-il que l'esprit égalitaire consente à faire quelques sacrifices au bien général. En Prusse, la durée du service obligatoire actif est de trois ans; mais on a compris que demander trois ans à toute la jeunesse du pays ne tendrait à rien moins qu'à rendre impossible l'apprentissage et l'exercice des carrières et des professions civiles. On a donc cherché des tempéraments, et voici ceux qui ont été admis. Le service militaire est réduit de droit à un an pour tout jeune homme ayant poussé ses études scolaires jusqu'aux premières classes des écoles réelles supérieures. Celui qui, à défaut d'éducation dans un établissement d'institution publique, peut justifier par examen qu'il a néanmoins les connaissances requises, obtient la même réduction. Dans ces deux cas, ce volontaire d'un an, comme on l'appelle (*einjähriger Freiwillig*), entre au corps l'année qu'il choisit entre dix-huit et vingt-trois ans. Il doit seulement s'équiper et s'armer à ses frais. Ces conditions remplies, il n'est pas même astreint à une année entière de service ordinaire. En général, les jeunes gens de cette catégorie se sont déjà, par avance, fait apprendre le maniement des armes et les premières notions militaires. Entrés au corps, ils mangent et couchent à la caserne trois semaines seulement, y couchent encore, mais n'y mangent plus, trois autres semaines, et, après ce dernier temps d'épreuves fort court, on le voit, habitent et se nourrissent au dehors, et à leurs frais. Leur seule obligation est de se rendre aux exercices, et, vers la fin de l'année, de suivre l'école du bataillon. Leur temps fini, ils passent un examen militaire sérieux, composé d'une partie écrite et d'une partie orale, ou, pour mieux dire, appliquée. Dans cette dernière, ils doivent notamment faire manœuvrer un bataillon sur le terrain. S'ils réussissent dans ces épreuves, ils ont droit à un brevet d'officier dans la landwehr; mais ce droit ne constitue qu'une faculté dont ils peuvent ne pas user, et non une obligation; car, à côté de ses avantages en temps de guerre, le grade a ses charges en temps de paix, tout officier de la landwehr étant obligé de servir six semaines par an. On voit donc beaucoup de jeunes gens y renoncer, et reprendre, quand la guerre éclate, leur fusil, comme soldats ou comme caporaux, si pendant leur année de service ils ont eu cette modeste promotion, ce qui arrive souvent. En somme, ces distinctions dans la durée et dans les conditions du service reposent sur les différences d'instruction. Dans un pays où l'enseignement primaire est obligatoire, il est naturel que l'instruction secondaire crée des titres à des faveurs spéciales. Rien d'ailleurs n'est plus légitime que de supposer dans celui qui l'a reçue des aptitudes particulières à acquérir vite les connaissances élémentaires du métier de soldat. L'examen de sortie vient ensuite établir si le volontaire a assez appris pour occuper un grade plus important. De toutes manières, il ne sera plus un conscrit, et cependant il aura pu ne pas sacrifier les intérêts de sa vie privée. De son côté, l'État a acquis un soldat, et n'a rien dépensé pour lui.

Non-seulement ce procédé est économique pour le trésor et avantageux pour l'ensemble du pays aussi bien que pour le volontaire, mais il ne blesse pas la véritable égalité, puisqu'au jour de la guerre tous se retrouvent sous le feu, partageant les mêmes périls et payant également l'impôt du sang. Il n'y a rien là assurément qui rappelle le remplacement, privilége, sinon de la naissance, du moins de la fortune.

Devrons-nous emprunter à la Prusse l'organisation qui compose les bataillons de landwehr d'hommes de la même province et du même district? C'était déjà la base de notre garde nationale mobile, et c'est aussi la seule condition qui permette de réunir les hommes sans grands frais aux exercices du temps de paix, et de les mobiliser rapidement au moment de la guerre, en leur donnant pour point d'appui la confiance et l'émulation qui s'établissent facilement entre enfants d'un même département ou d'un même arrondissement. Il serait beaucoup plus difficile d'appliquer à notre pays le système qui maintient les régiments de l'armée prussienne active dans les mêmes garnisons, au lieu de les faire périodiquement changer du nord au midi ou de l'est à l'ouest, comme dans nos habitudes actuelles. Cette innovation présenterait certainement de grands avantages d'économie pour l'État, et surtout pour les officiers, dont le modique traitement s'accommode mal de déplacements fréquents qui rendent la vie de famille tout au moins difficile et amènent des démissions prématurées. Mais tant qu'un esprit de vertige pourra provoquer dans nos grands centres, si inflammables, des émotions redoutables pour la paix générale, et obliger à la répression le gouvernement, quel qu'il soit, un contact prolongé de l'armée et des populations aurait de grands dangers. Ces dangers seraient sans doute atténués, si la durée du service était réduite à trois ans, et surtout si le soldat avait, comme en Prusse, une vie très-occupée. Toutefois, la question est trop grave pour que nous nous permettions de nous prononcer sur un pareil sujet; il exige l'examen des hommes d'Etat aussi bien que l'avis des hommes spéciaux. Nous nous bornerons à l'avoir indiquée, en penchant vers la négative.

Nous n'avons pas davantage la prétention de formuler des programmes pour l'instruction à venir de nos armées ; mais ce sera là encore un objet digne de toute l'attention de leurs chefs. Il est, croyons-nous, généralement admis aujourd'hui que le système qui préside en Prusse au recrutement des divers échelons de l'état-major est supérieur au nôtre, et que, dans le reste de l'armée, des examens exigés pour certains grades, du moins, donneraient des garanties de savoir et d'aptitudes que ne présente pas toujours notre avancement, soit à l'ancienneté, soit même au choix. Nous avons déjà quelque chose d'analogue pour l'emploi spécial de major, et, loin de rebuter les officiers, ce système, dans certaines armes tout au moins, excite leur légitime ambition et donne d'excellents résultats. Ne peut-on pas l'étendre avec avantage? Ne peut-on pas aussi donner plus de développement et de soins à l'instruction des sous-officiers et même des simples soldats?

Nous n'avons pas caché qu'à notre avis, la foi religieuse est un des leviers qui soulèvent les armées allemandes, une des forces qui plient les soldats au devoir et les poussent en avant.

Sous ce rapport, la situation de la France est bien différente. La foi est affaiblie dans presque toutes les provinces. Les classes éclairées ne donnent plus, il est vrai, comme il y a trente ou quarante ans, l'exemple des attaques contre les idées religieuses. Elles s'en sont, au contraire, rapprochées par certaines pratiques extérieures, et aussi, nous le croyons, par le cœur. Mais la démagogie dirige contre la religion ses coups les plus violents et prodigue l'insulte à ses ministres, quand elle ne fait pas d'eux des martyrs. La masse de la population vit dans l'indifférence ; sa foi traditionnelle s'est attiédie, et ses horizons ne l'élèvent pas aux recherches des vérités éternelles. La foi d'ailleurs a peu de prise sur les âmes aux époques de grande prospérité et de luxe exagéré. Depuis cinquante ans, le développement continu de la fortune publique et du bien-être attachait de plus en plus les hommes aux préoccupations de la vie matérielle. Un grand orateur de la chaire a pu, non sans raison, définir la tendance du siècle par ces mots : « Produire indéfiniment pour jouir indéfiniment. » La guerre de 1870, qui a semé tant de deuils sur notre sol, aura sans doute réveillé dans beaucoup de familles cruellement frappées les pensées assoupies de la religion qui seule sait consoler les grandes douleurs Les malheurs matériels, résultat de nos revers, les privations, ou tout au moins les réductions, qui s'imposéront à presque tous pendant plusieurs années, ramèneront aussi les hommes vers d'autres objets que les satisfactions sensuelles ; les âmes, plus hautes, verront dans les événements accomplis la marque d'une puissance supérieure à l'homme.

Les habitudes du corps et de l'esprit ne se trouveront pas moins modifiées. Les classes riches, fort touchées dans leur revenu, s'accoutumeront à une vie plus remplie et moins molle. Quant aux classes ouvrières, où les salaires, sans cesse grossis, avaient développé dans une proportion au moins égale les goûts de dépense, elles recevront moins et donneront plus d'heures au travail.

Le nombre toujours croissant des cafés et des cabarets était devenu, depuis quelques années, la plaie de nos campagnes aussi bien que de nos villes, grâce à la déplorable tendance du dernier gouvernement. On se rappelle en effet que, sous prétexte de ne point apporter d'entraves à la liberté du commerce, un ministre de l'intérieur avait permis ou même encouragé la multiplication indéfinie de ces établissements. Le but était double : accroître les sources malsaines de produits pour les contributions indirectes, et créer, pour ainsi dire, à chaque pas des agences d'influence officielle en matière électorale, sinon même de renseignements de police politique permanente. Ce serait un grand bien, que les populations désapprissent le chemin de ces lieux si dangereux, dont l'établissement serait à l'avenir réglementé avec sévérité. D'un autre côté, des sociétés de tempérance pourraient utilement se former et faire sentir leur action, car il est à désirer que les honnêtes gens se décident enfin à prendre quelque initiative dans la direction des mœurs du pays aussi bien que dans ses affaires.

C'est une vérité banale, que notre vie nationale est tout entière suspendue à celle de Paris. Et, en effet, jusqu'ici la politique, l'administration, les sciences, les lettres, le haut enseignement, la presse, le luxe, le crédit public, des branches considérables du commerce ou de l'industrie, tout est concentré dans cette ville, dont l'influence est sans contre-poids dans le reste de la France, aussi bien aux jours de calme qu'aux époques de révolution. Mais qu'on ne s'y trompe pas : ce n'est pas seulement parce que les assemblées législatives y ont siégé auprès du souverain, et parce que beaucoup d'affaires y trouvent leur solution dans les ministères ou au conseil d'État, au lieu de la recevoir dans les départements, que Paris a conquis cette prépondérance exclusive, c'est parce que toutes les branches de l'activité nationale y viennent converger à leurs sommets, amenant ainsi ce qu'on a justement appelé l'apoplexie au centre et la paralysie aux extrémités.

En Allemagne, rien de semblable à ce phénomène. Non-seulement, tant que les divers États englobés dans le nouvel empire conservent leur autonomie administrative et, dans une certaine mesure, politique, chacun d'eux garde sa propre capitale et ses foyers d'action, de lumière, de discussion et d'industrie qui, très-souvent, ne sont pas au siége du gouvernement, mais la Prusse elle-même est loin de vivre tout entière par et pour Berlin. Malgré un mouvement de progression sensible, et qui, dit-on, préoccupe déjà M. de Bismark, Berlin ne compte encore que 400,000 habitants, et plusieurs villes importantes à des titres différents se partagent l'activité et l'influence politique, littéraire, scientifique et commerciale. Chacun trouve ainsi près de lui un centre où il peut facilement se produire, s'éclairer ou s'instruire sans sortir de sa province ; les hommes utilisent leurs facultés et satisfont leur ambition.

Cette organisation, féconde en résultats pour la vie provinciale et heureuse pour la paix publique, est habilement maintenue et encouragée par le gouvernement, dont l'action générale se trouve suffisamment assurée par l'empire des lois, par les réseaux de l'administration, et aussi par une série de fonctions et de titres presque tous gratuits, plus honorifiques que réels, qui rattachent leurs nombreux titulaires à quelque ministère de Berlin, tout en leur laissant une existence parfaitement locale. De cette manière, l'unité nationale ne court aucun risque, et l'on ne peut voir se produire les regrettables effets que cause en France l'accumulation à Paris de toutes les forces vives et dirigeantes de notre pays.

Le dernier point à atteindre sera l'unité de croyance ou du moins de drapeau politique. Là est le grand écueil. Il faut pourtant espérer que de si cruels événements nous auront appris quelque chose. Tous les systèmes ont été essayés, tous sont tombés. Aucun ne peut donc prétendre, de par l'expérience, à une excellence incontestable. Sachons nous soumettre, quelles que soient nos préférences personnelles, à la décision que le pays prendra lorsqu'il sera consulté sur la forme de son gouvernement. Abjurons toute pensée, toute aspiration contraire à son verdict.

Alors la France sera forte. Ramenées au travail, à l'épargne, à la famille, éclairées par l'instruction, fortifiées par les idées religieuses, unies par la pensée du devoir et par la communauté du service militaire, les générations qui nous suivront auront reconquis bientôt les forces et les vertus qui nous manquaient en 1870, et qui ont dans une si large mesure contribué au succès de la Prusse.

PARIS. — IMP. SIMON RAÇON ET COMP., RUE D'ERFURTH, 1.